Este libro pertenece a

Gracias por dar color a este libro

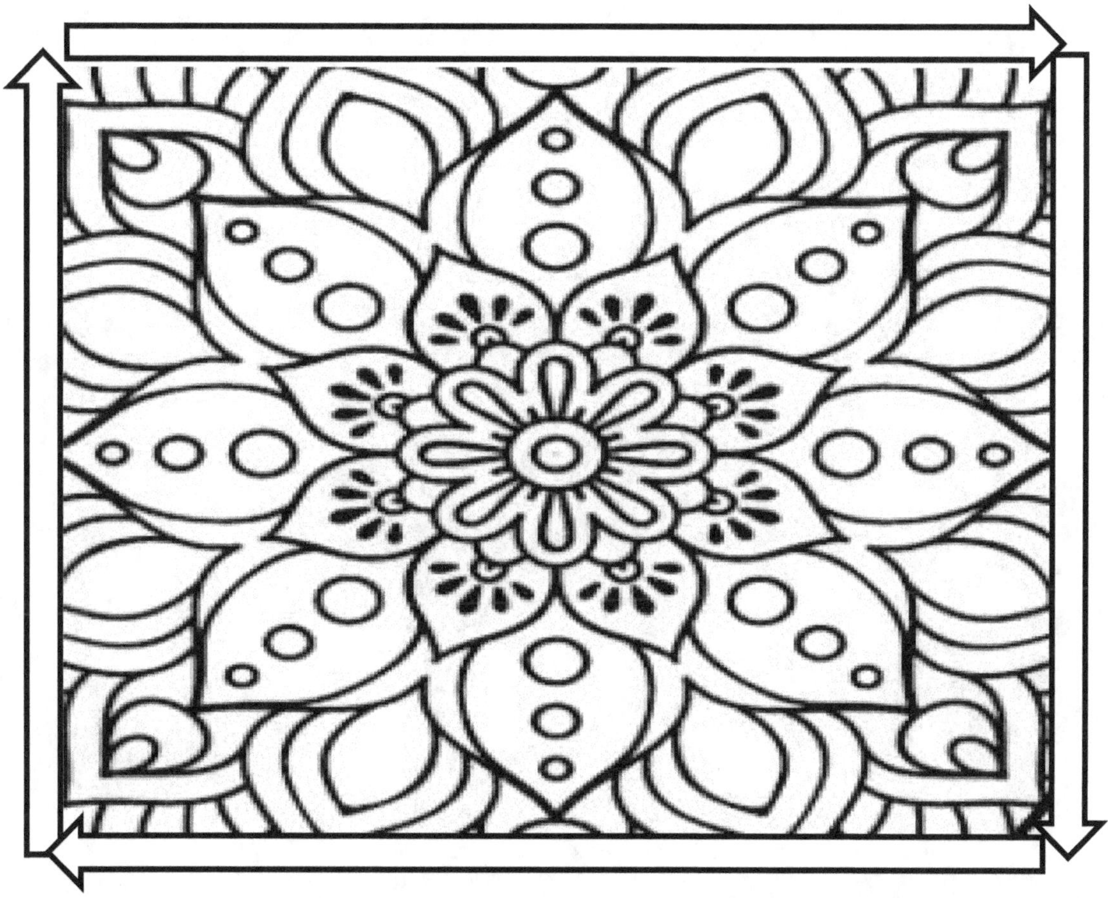

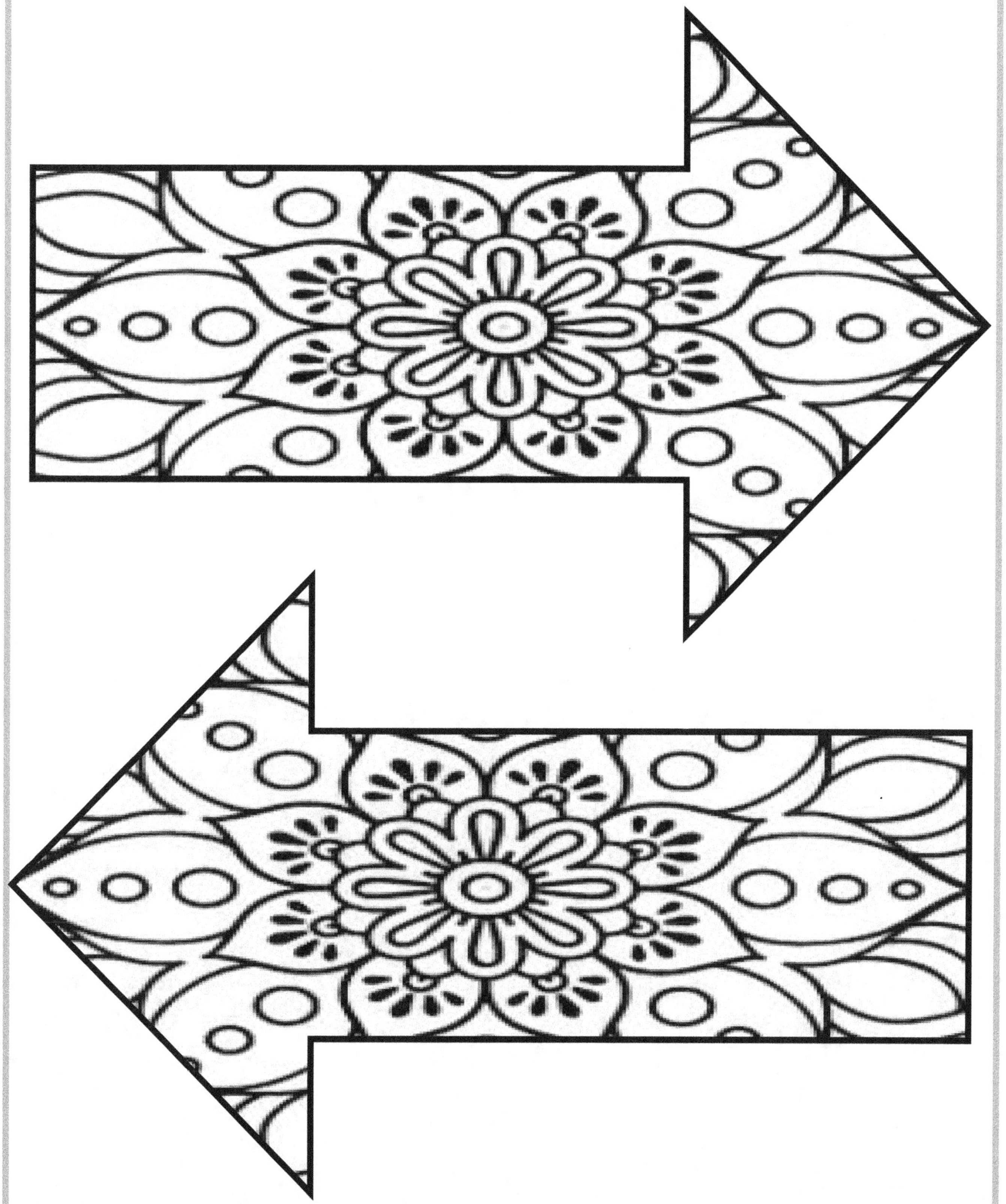

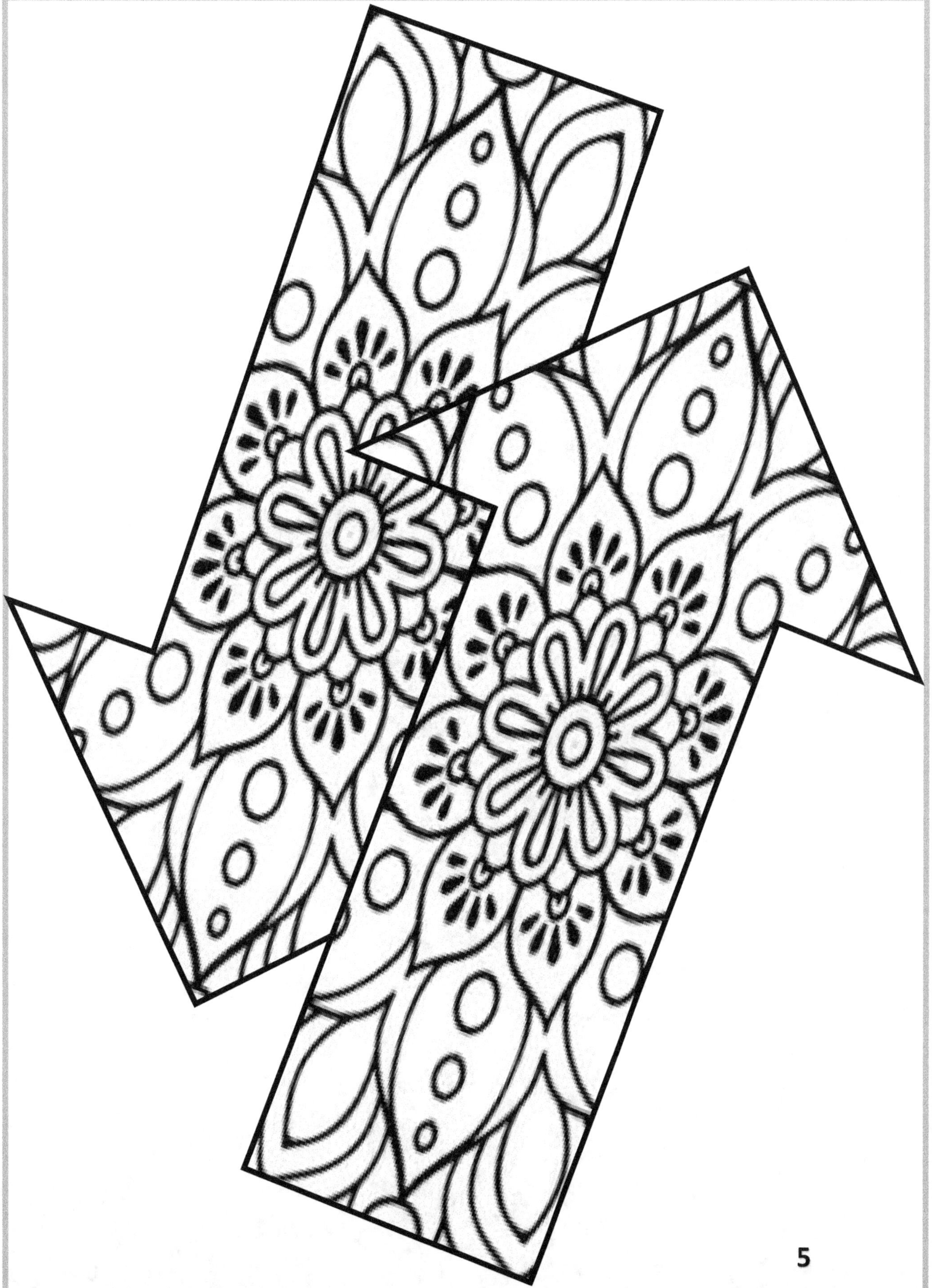

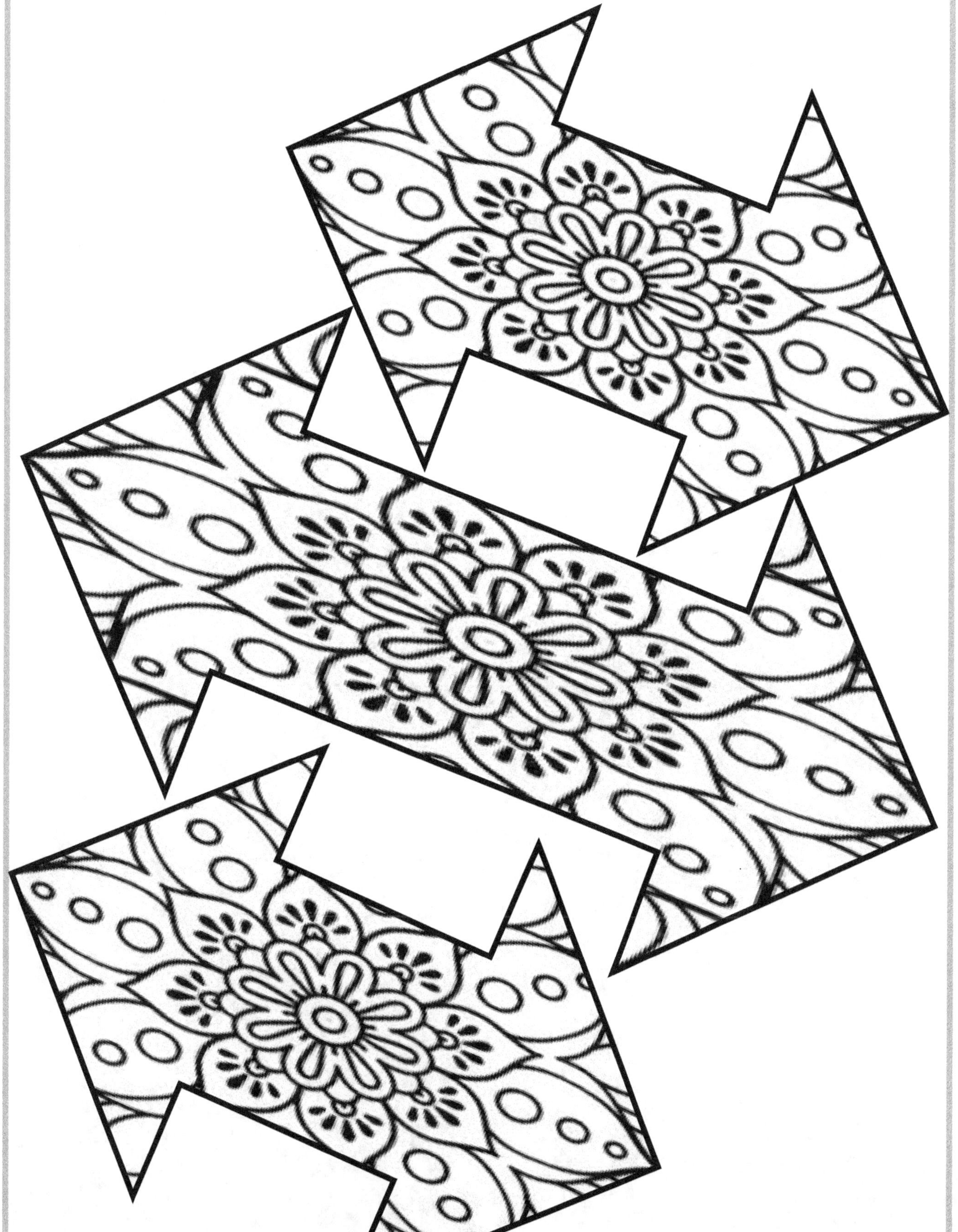

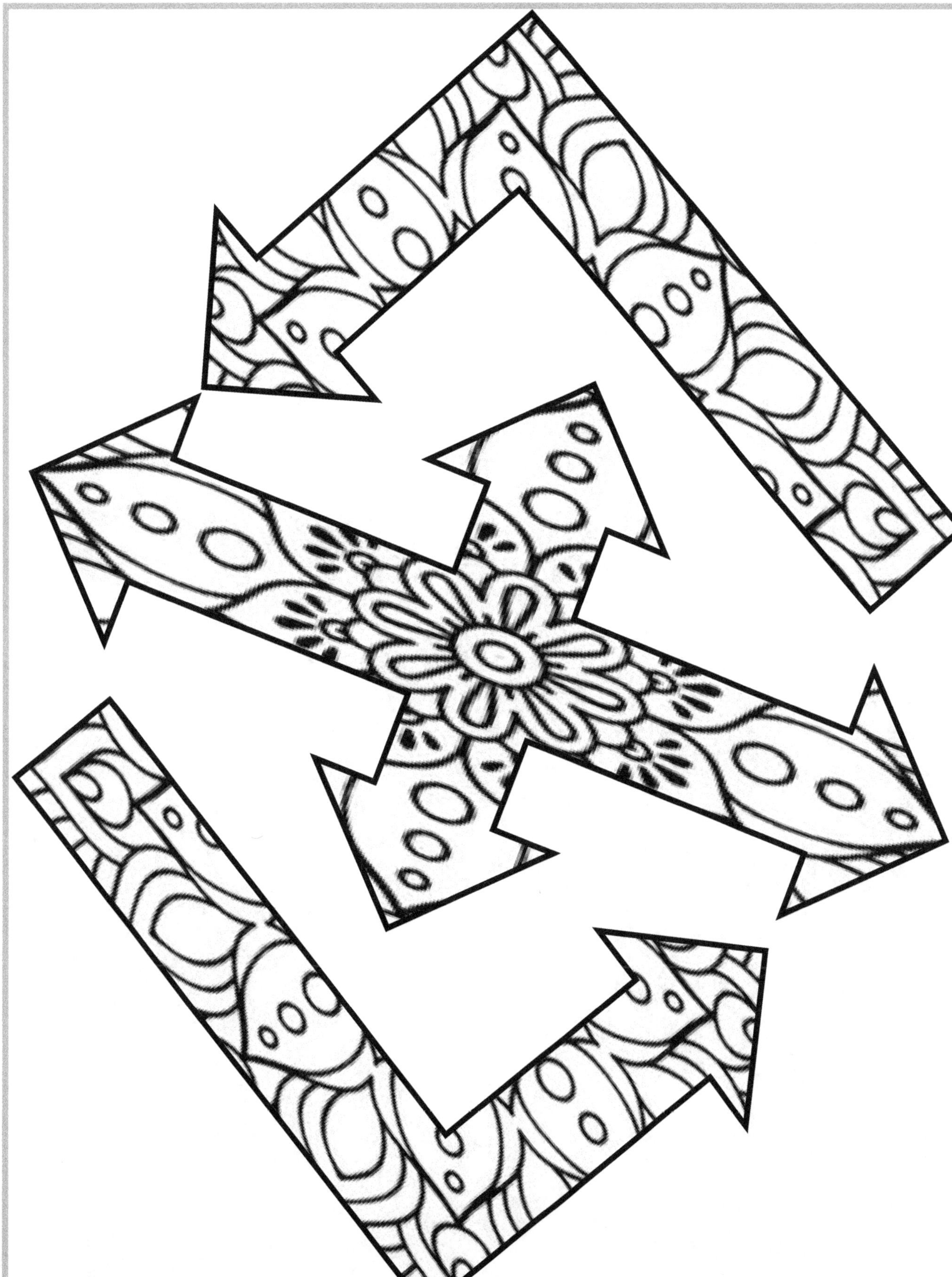

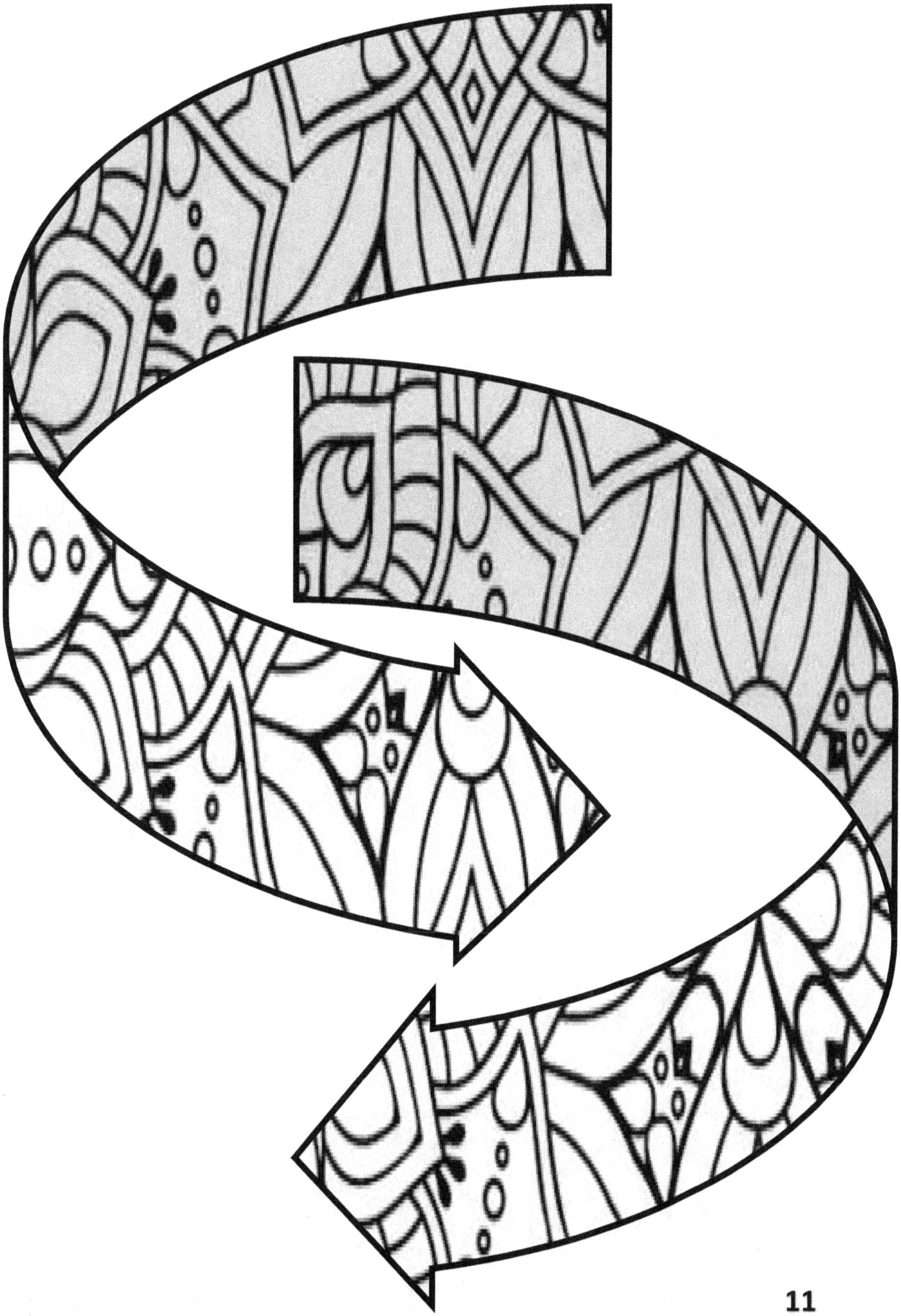

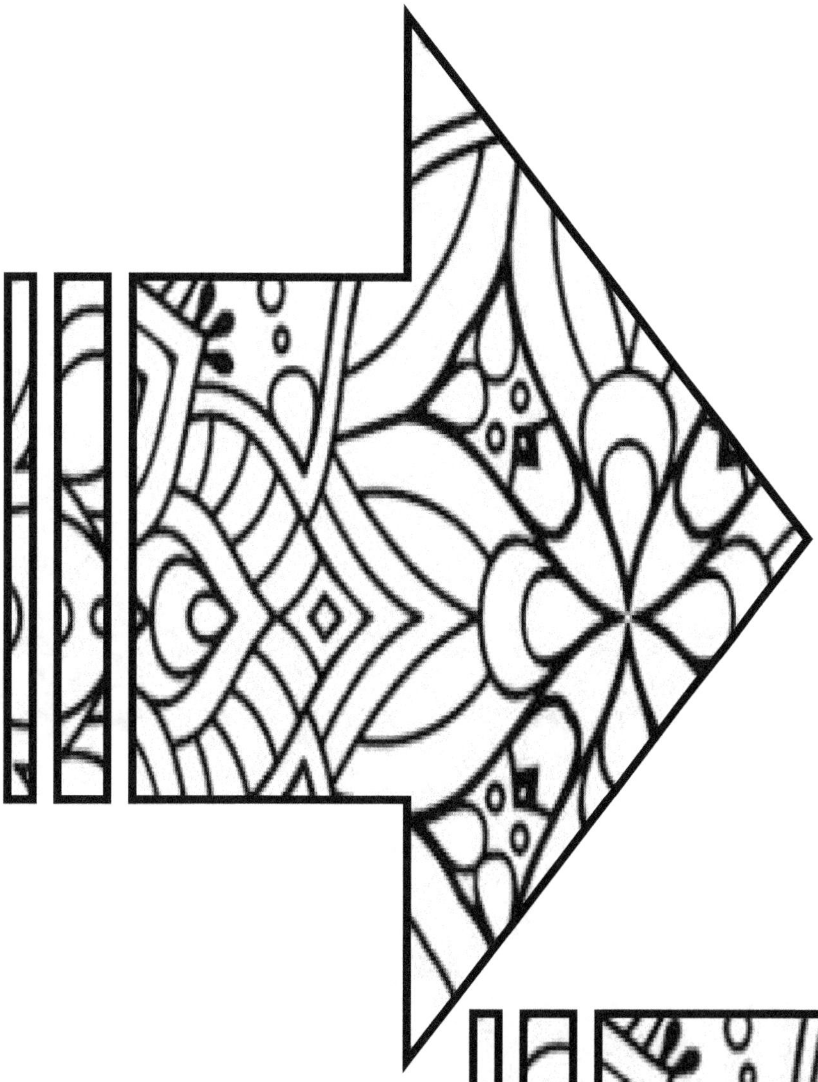

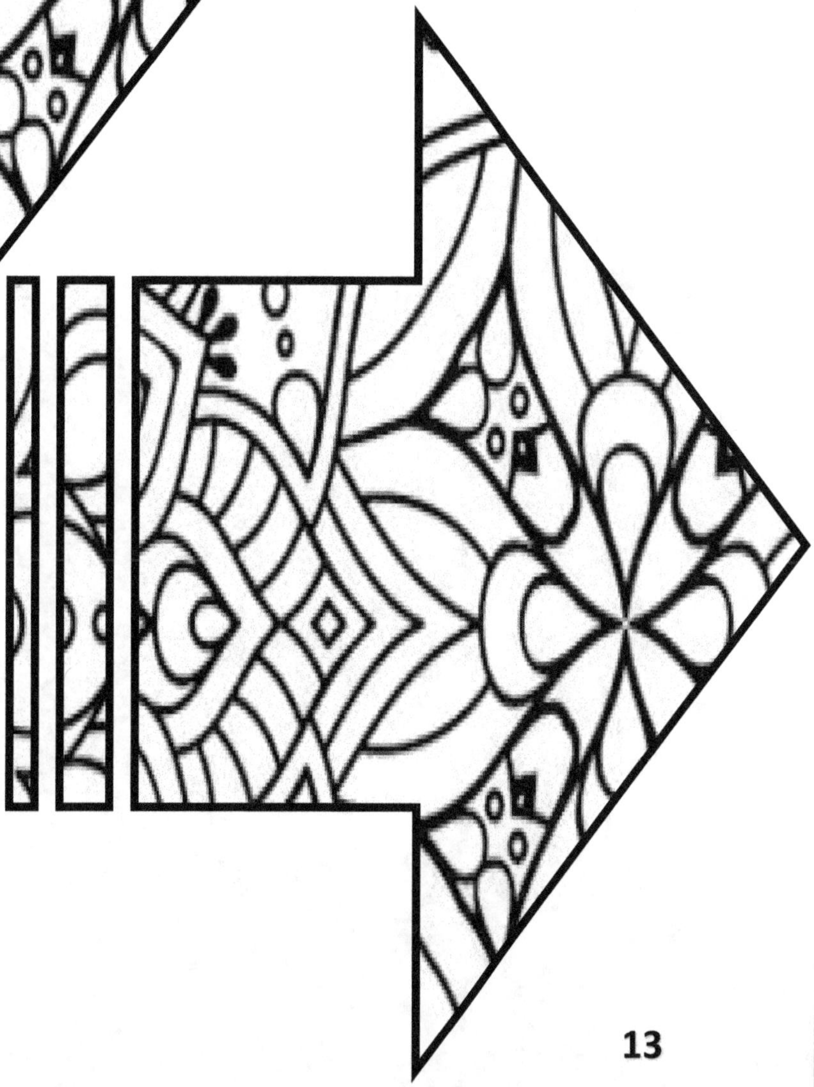

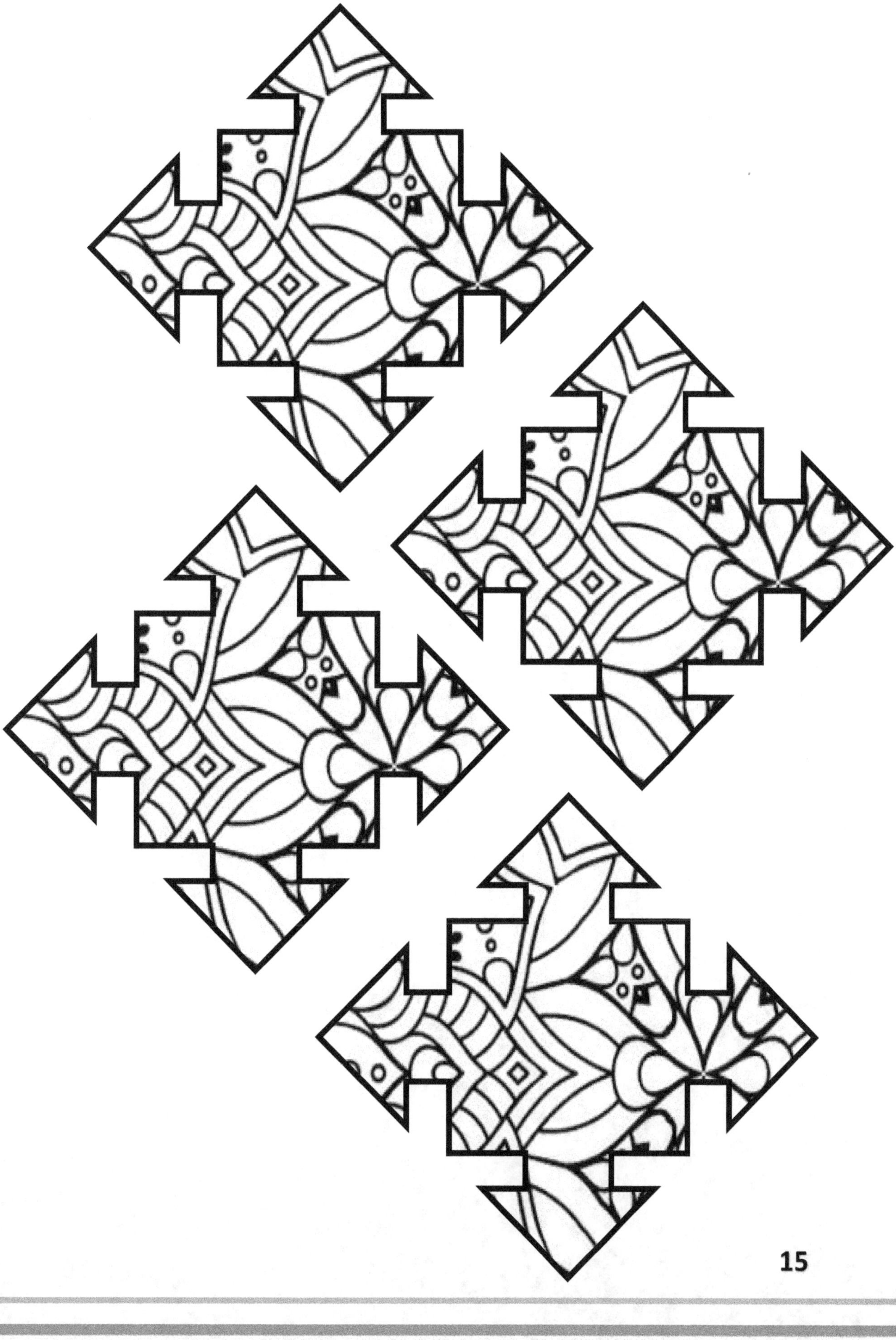

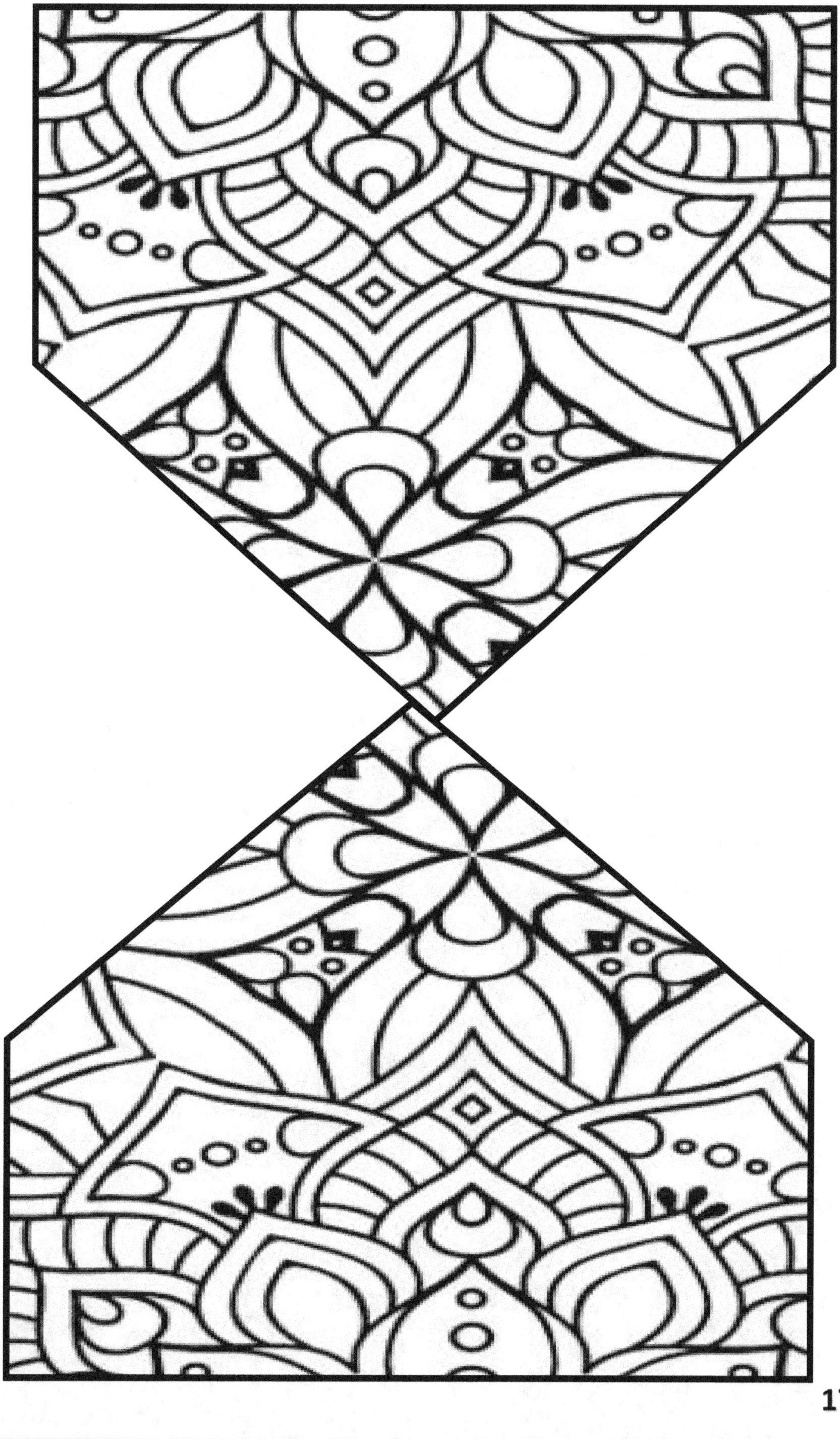

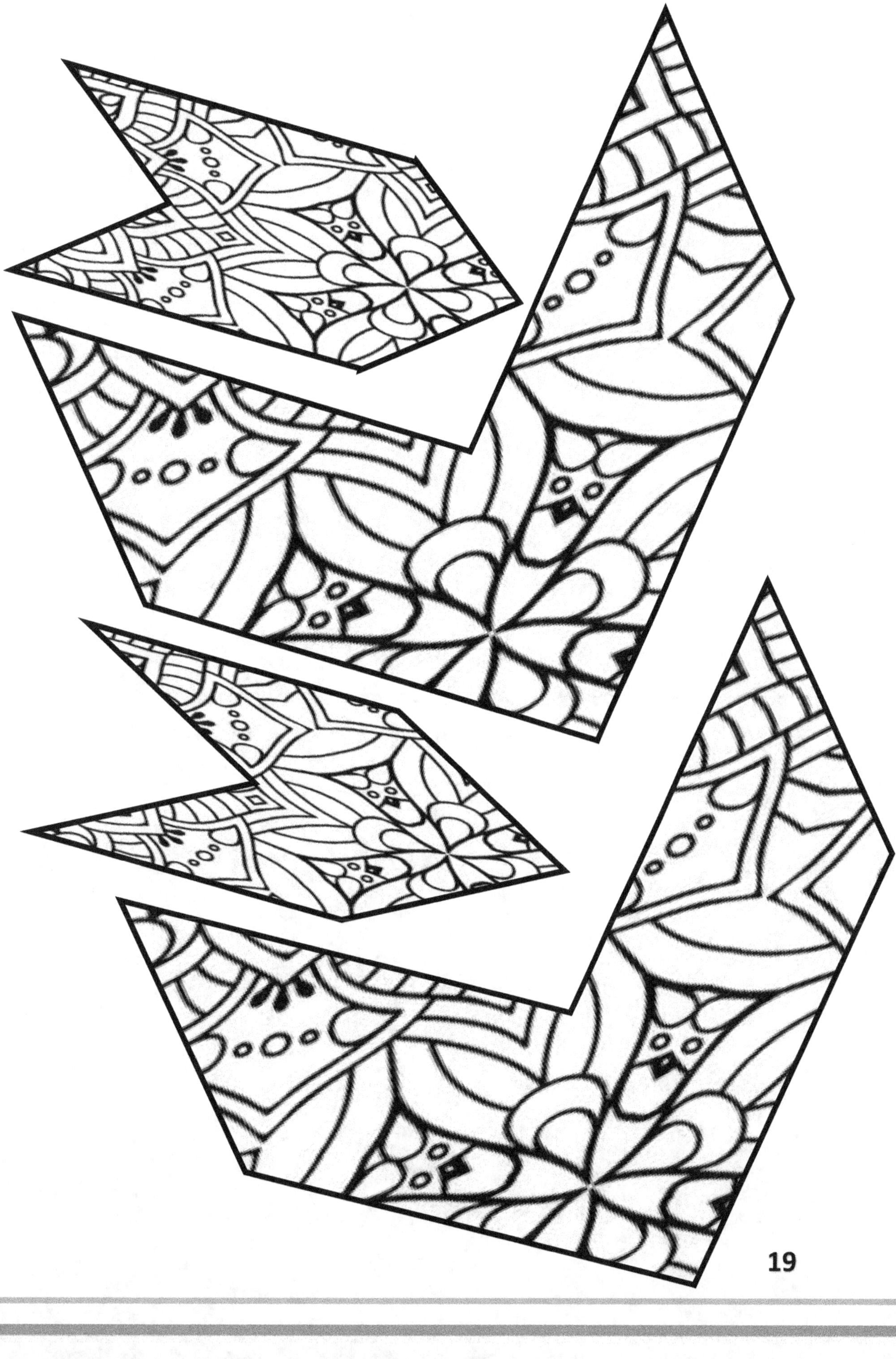

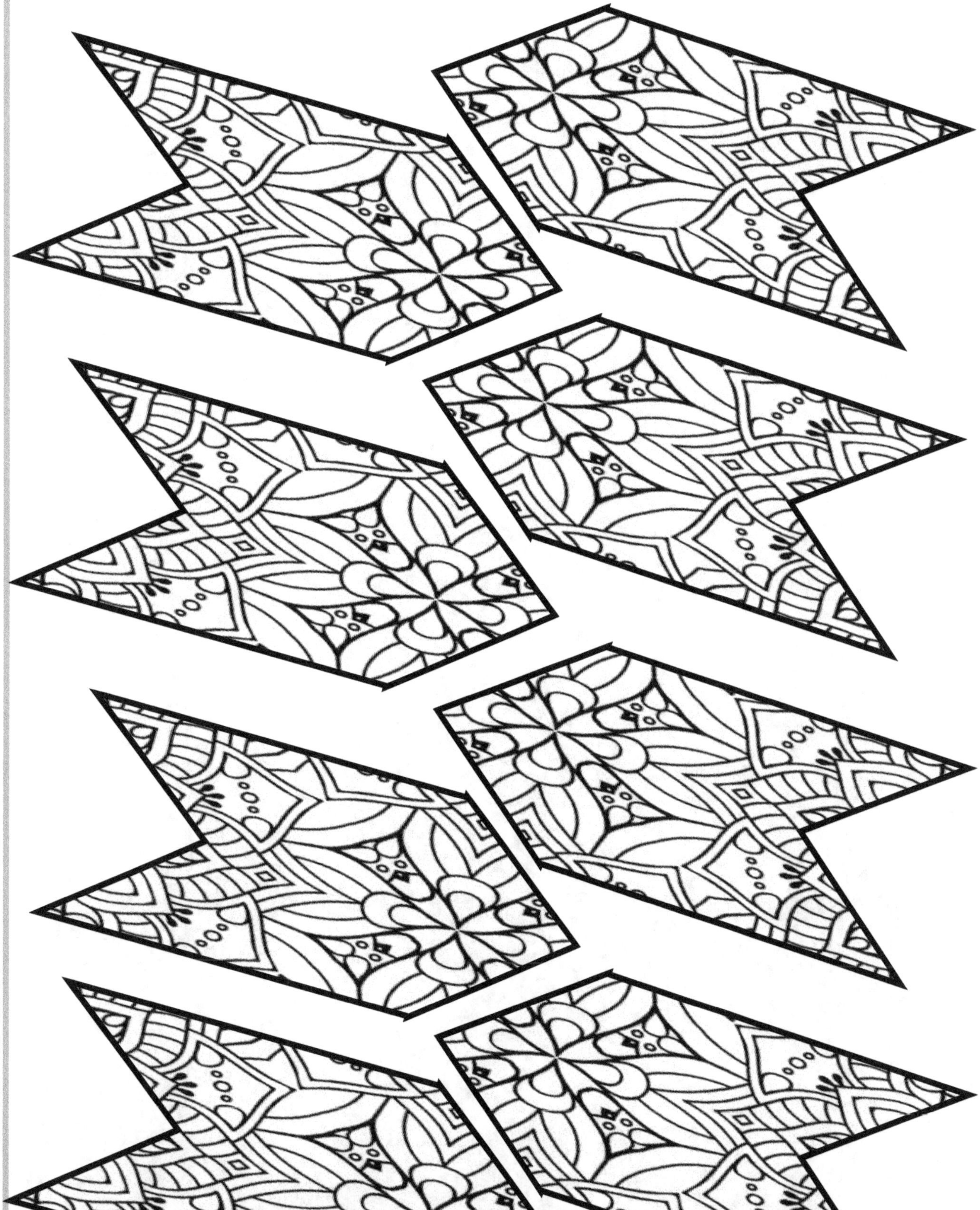

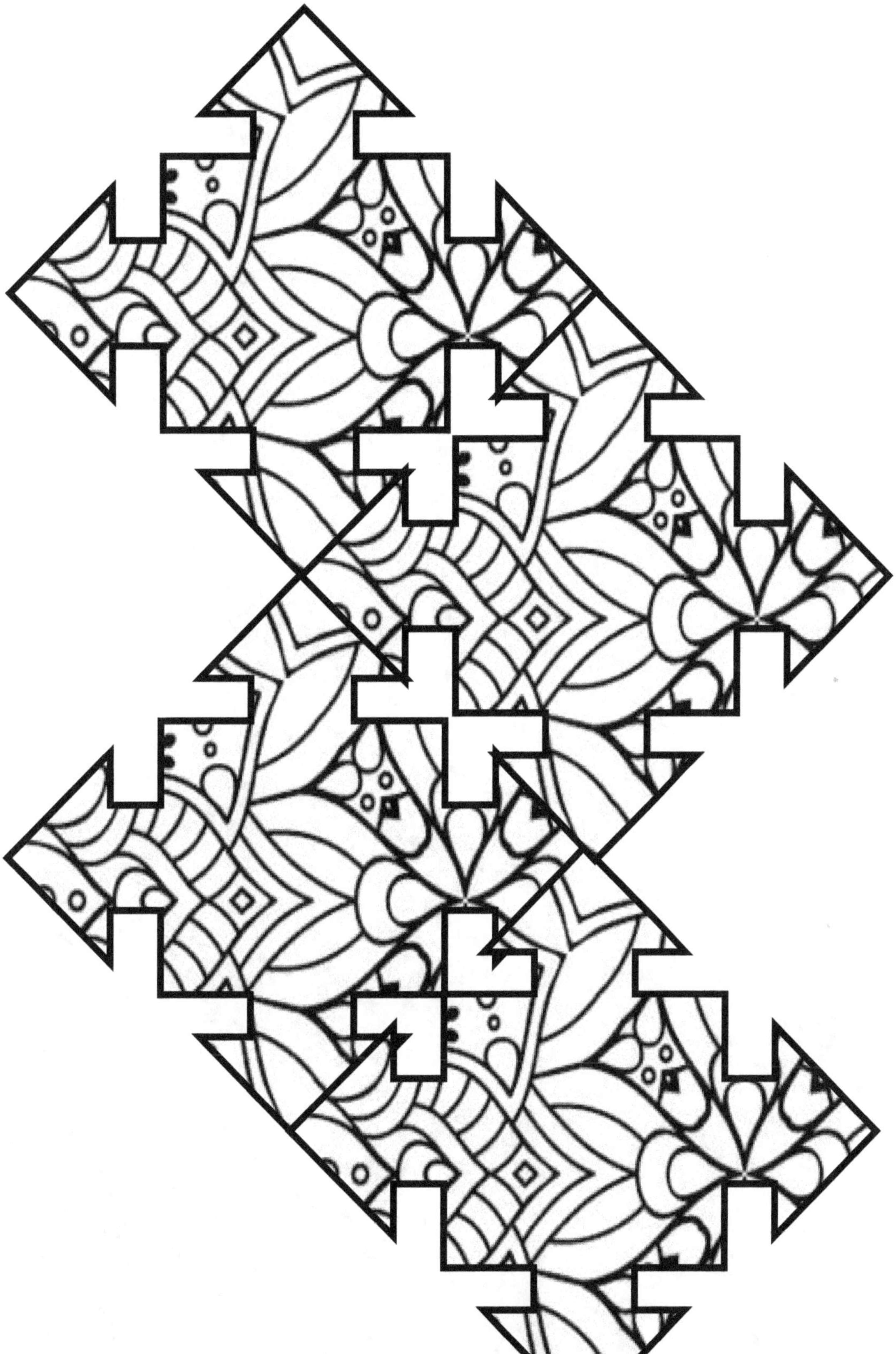

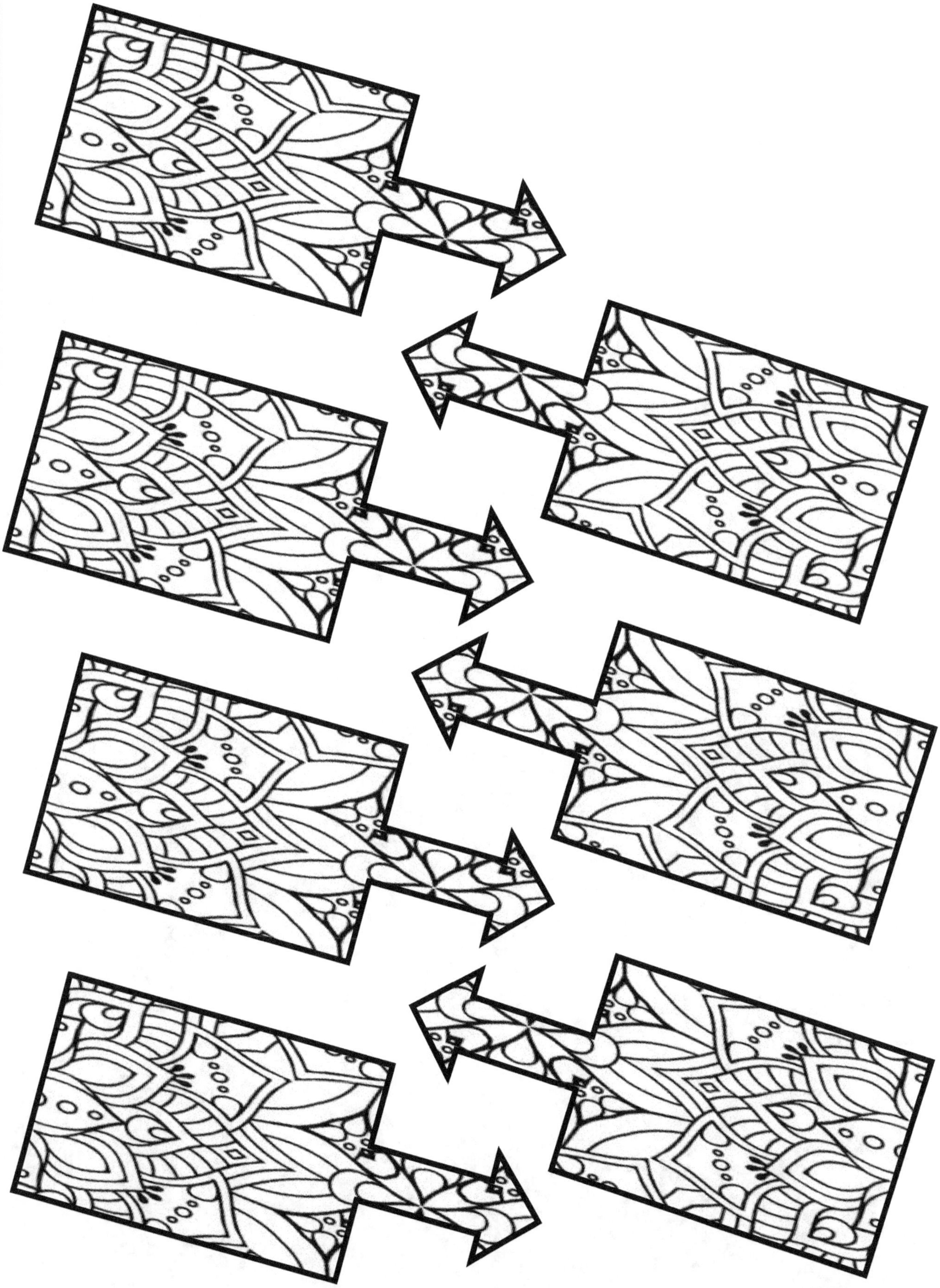

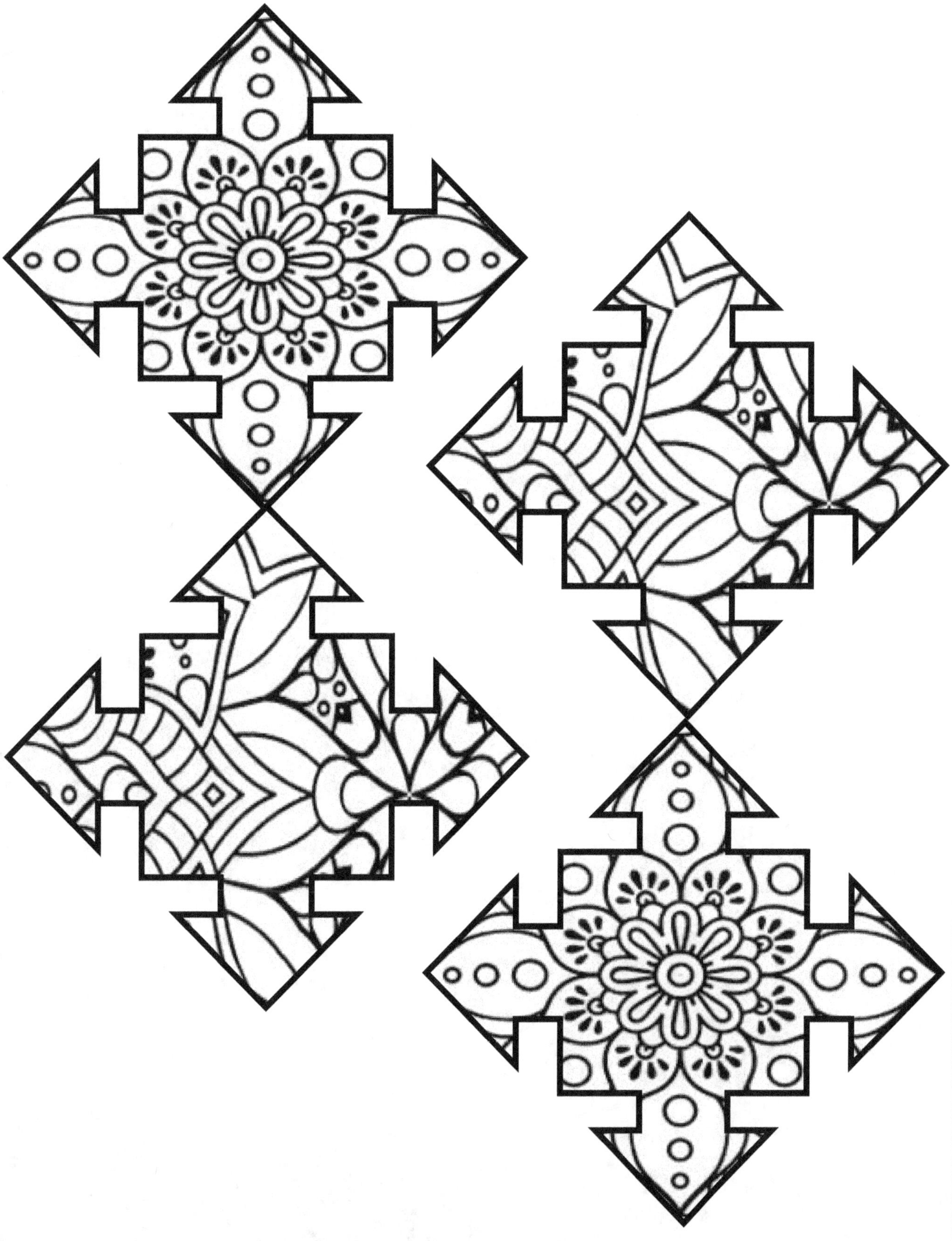

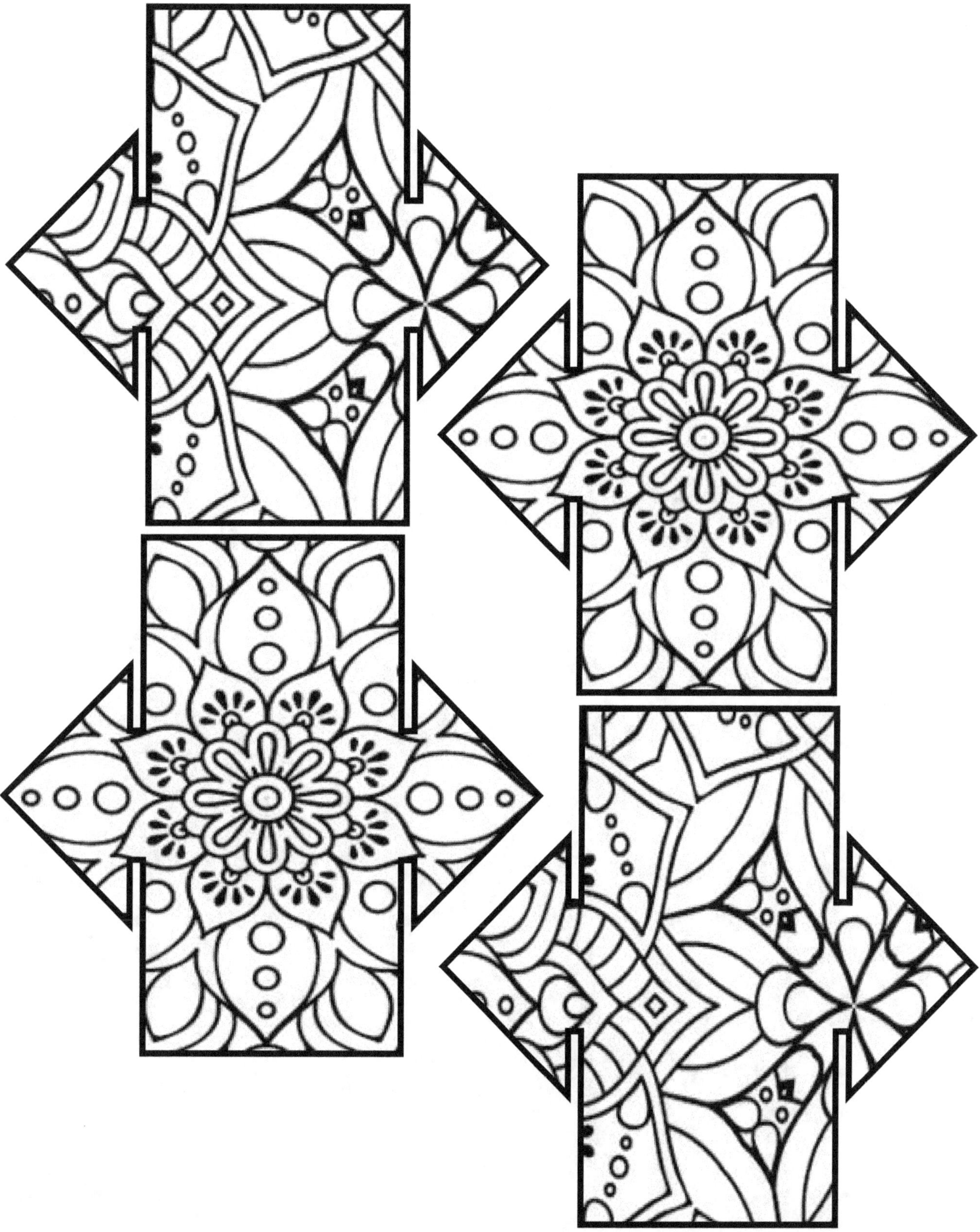

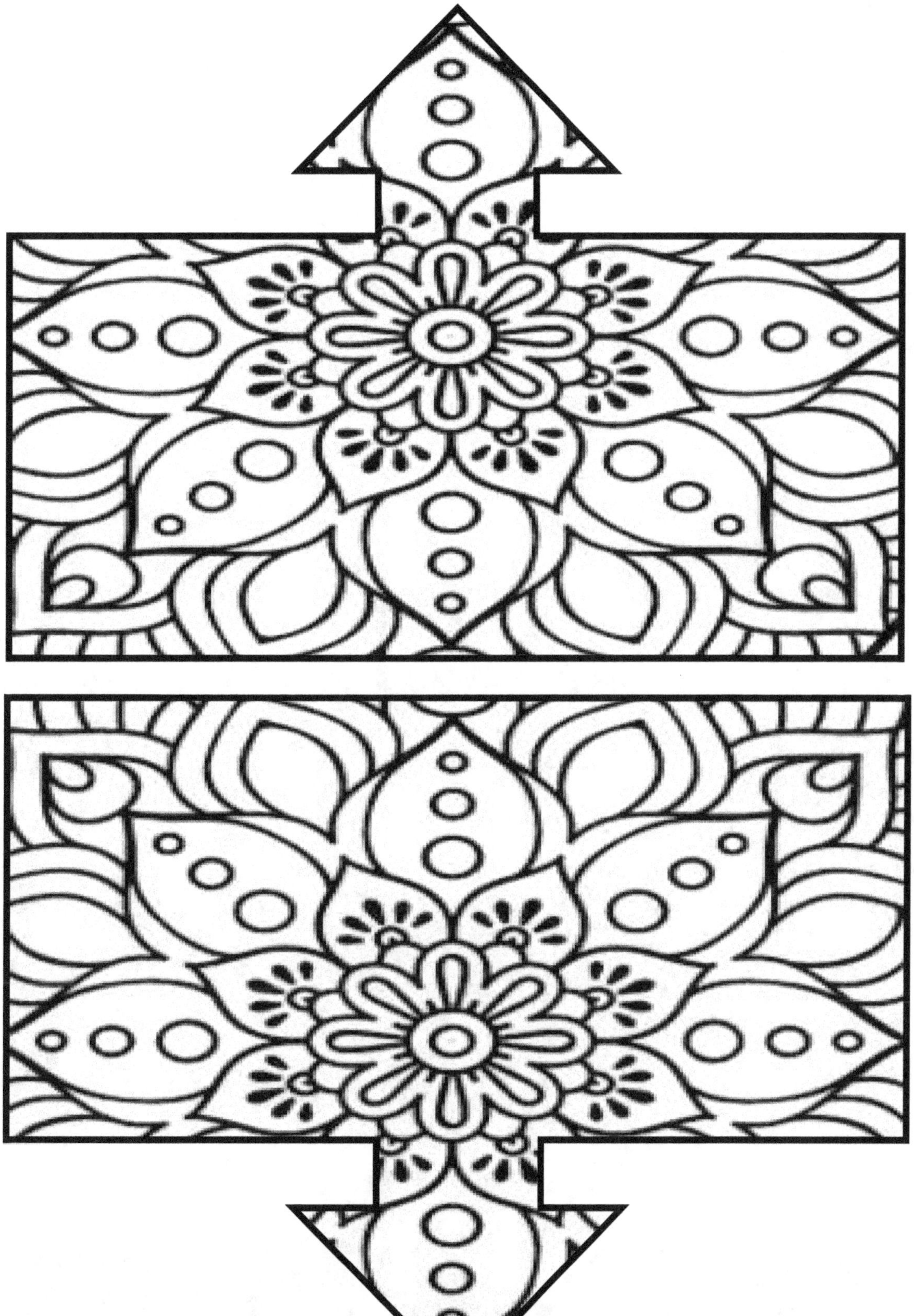

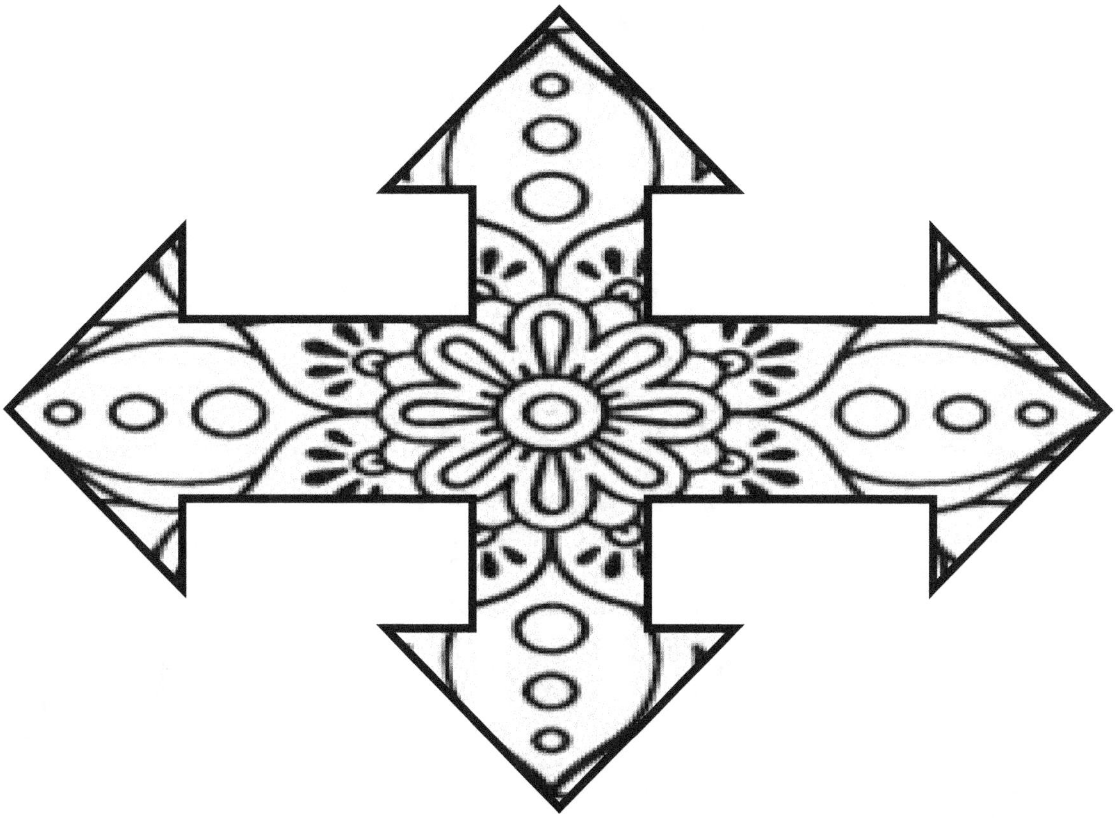

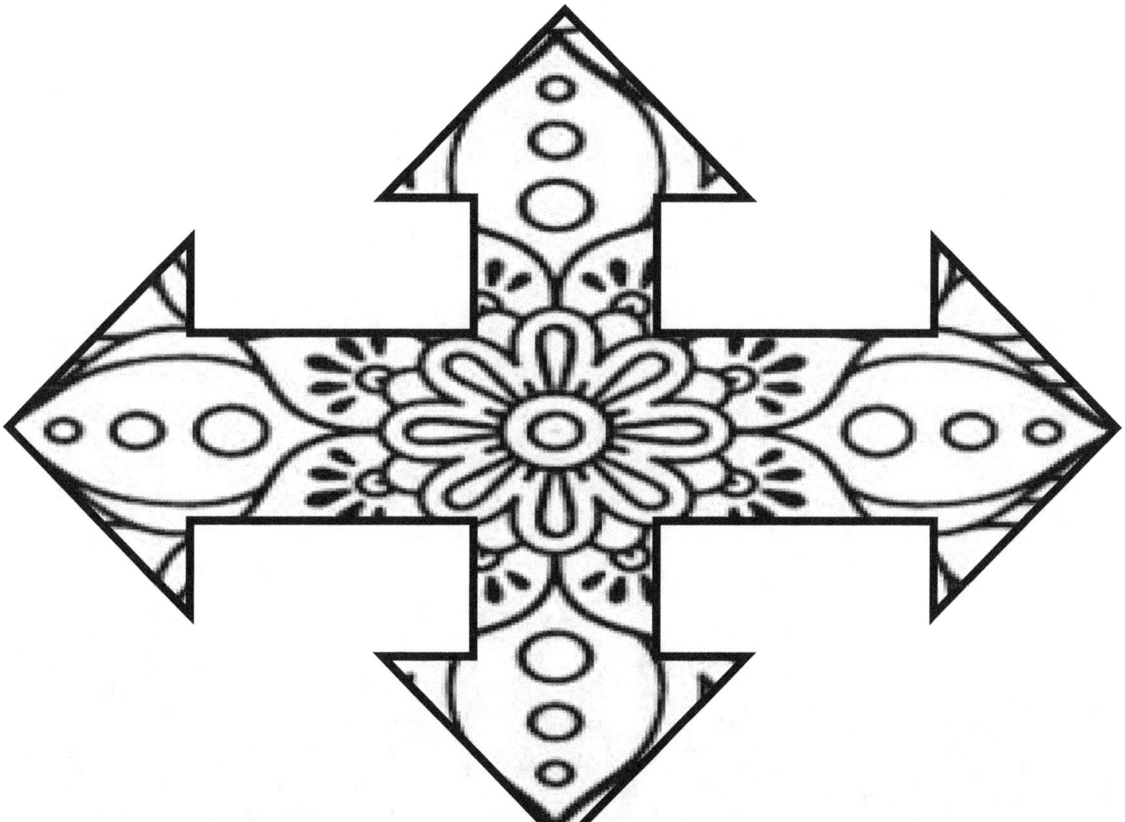

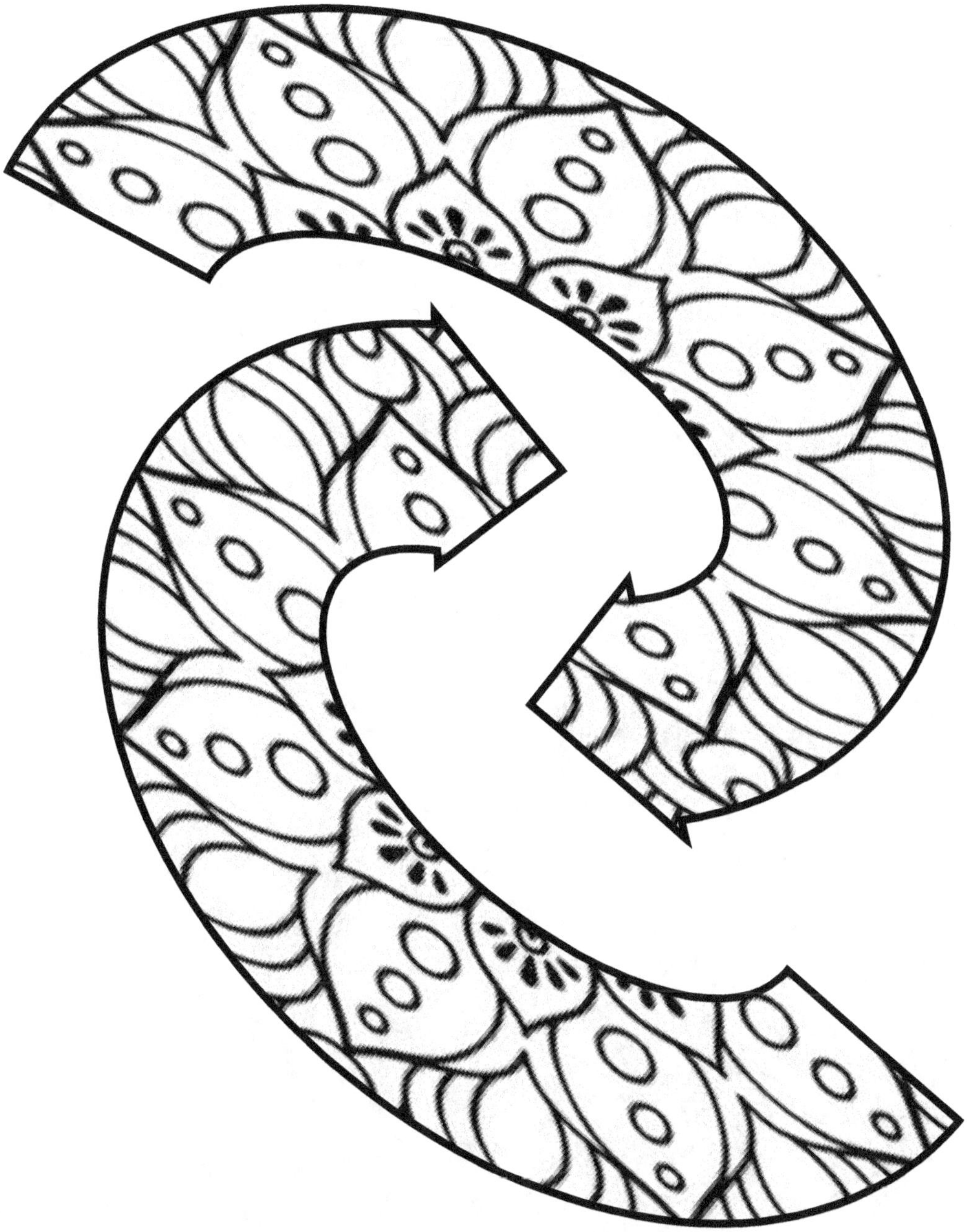

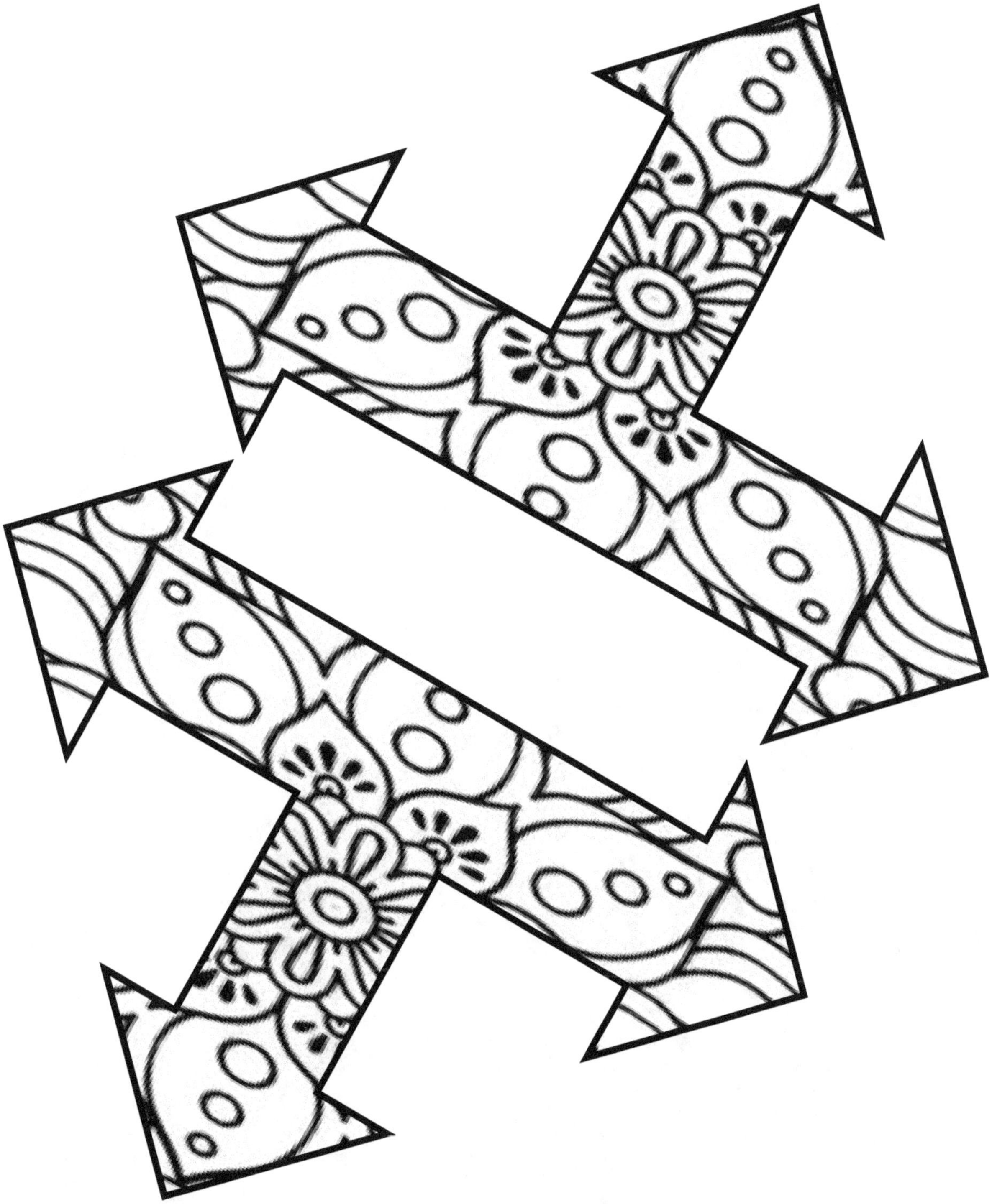

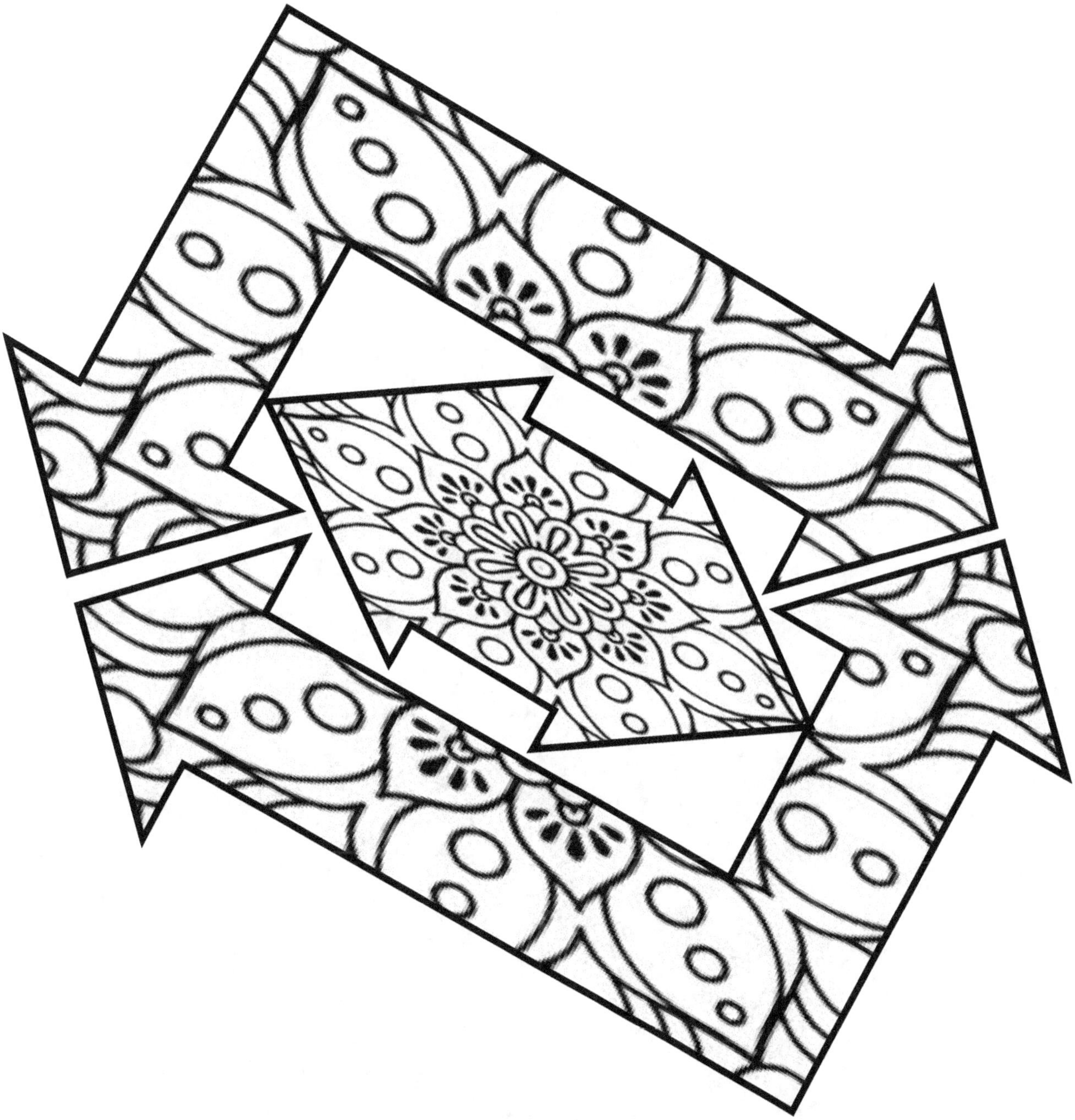

www.ingramcontent.com/pod-product-compliance
Lightning Source LLC
Chambersburg PA
CBHW080627220526
45467CB00011B/3396
* 9 7 9 8 7 0 7 7 0 4 9 7 0 *